AF217864

WAS DU NICHT ALLES KANNST!

Davina Bell & Allison Colpoys

AUS DEM ENGLISCHEN VON
KATHRIN KÖLLER

INSEL

Für die liebste Belle,
die uns zu diesem Buch inspiriert hat.
Danke.
In Liebe, Tante Al

Für unsere Lieben: Harry und Oscar, Sammy, Noah und
Christopher, Scarlett und Rapha, Rose und Magnolia,
Georgie, James und Ben, Sophia, Thomas und William,
Max und Genevieve, Hugo, Fergus und Indi.
Was ihr nicht alles könnt!
Alles Liebe, Tante Beans

Und für die liebe Esther.
Wir sind so gespannt darauf, zu sehen,
was du alles kannst.
In Liebe, Al & Davina

Die Originalausgabe erschien 2018 unter dem Titel
All the Ways to be Smart
bei Scribble, einem Imprint von
Scribe Publications, Brunswick und London.

Erste Auflage 2020
© der deutschen Ausgabe Insel Verlag Berlin 2020
© Text: Davina Bell 2018, Illustrationen: Allison Colpoys 2018
Alle Rechte vorbehalten,
insbesondere das des öffentlichen Vortrags
sowie der Übertragung durch Rundfunk und Fernsehen,
auch einzelner Teile.
Kein Teil des Werkes darf in irgendeiner Form
(durch Fotografie, Mikrofilm oder andere Verfahren)
ohne schriftliche Genehmigung des Verlages
reproduziert oder unter Verwendung elektronischer Systeme
verarbeitet, vervielfältigt oder verbreitet werden.
Die Übersetzungsrechte wurden vermittelt von der VeroK Agency, Barcelona.
Umschlaggestaltung: Rothfos & Gabler, Hamburg,
mit Motiven von Allison Colpoys
Druck: optimal media
Printed in Germany
ISBN 978-3-458-17860-6

Oh, ich kann es kaum erwarten,
was du alles kannst, dir zu verraten.

Du kannst Hexenhüte schneiden,
Fledermäuse mit Flügeln einkleiden.

Du kennst dich aus mit Zahl und Reim
und kochst für Freunde grünen Schleim.

Du bist schlau, weil du dich traust
und aus Kisten Boote baust.

Muster malst, in Bötchen liegst,
Nixe spielst und Drachen fliegst.

Du kannst super Krallen malen
und mit Dino-Fakten prahlen.
Deine Flieger sind die größten …

du bist gut im Leute-Trösten.

Lachen, krachen,
Blasen machen.

Vom Winde verweht,
weißt du, wo's langgeht.

Schätze finden,
Blumen pflanzen …

Ukulele!

Lass uns tanzen!

Du kannst gut Grimassen schneiden
und dich, wie du willst, verkleiden.

Auch scheue Freunde lädst du ein

und bittest sie zum Spielen rein.

Wild
jonglieren!

Mit Pferden
stolzieren!

Ängstlich
Neues ausprobieren!

Du stößt dich ab,
um loszufliegen!

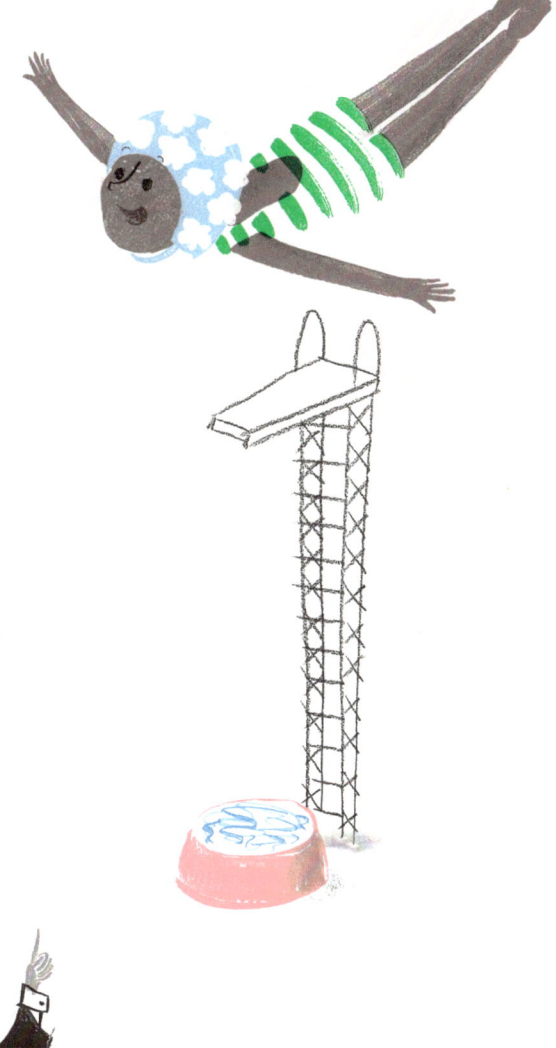

Willst auf Fragen
Antworten kriegen.

Du baust Raketen und saust durch das All,
malst spitzige Sterne, bist schnell wie der Schall.

Kennst alle Planeten und ihre Namen,
die sie von römischen Göttern bekamen.

Du kennst dich aus mit
Kreisen und Ecken
und Hexagons, die sich
hier verstecken.

Du zählst schon weit
an vierzig vorbei,
sagst 'tschuldigung
nach Streiterei.

Du bist Insekten
auf der Fährte

und im Tränke-Brauen
ein Experte.

Ihr denkt euch tolle Spiele aus,

du träumst dich
in die Welt hinaus.

Lesen, schreiben,
buchstabieren,
kannst du
mit Fröschen
diskutieren?

Du frisst dich in Bücher rein …

… bist gern stundenlang allein.

Du musst nicht immer
die Beste sein,
alles verstehn,
von vornherein.

Nicht nur,
wer alles weiß,
ist schlau.

Was du für dich kannst,
das zählt. Genau!

Sie und du und er
sind smart,
ich, wir alle –
auf unsere Art.

Und niemand kann
ganz haargenau …

dasselbe wie du – so gut, so schlau.